Impressum
Verlag: BABADADA GmbH, Nedderfeld 112 , 22529 Hamburg
Geschäftsführer / Verlagsleitung: Harald Hof
Druck: Books on Demand GmbH, In de Tarpen 42, 22848 Norderstedt

Imprint
Publisher: BABADADA GmbH, Nedderfeld 112 , 22529 Hamburg, Germany
Managing Director / Publishing direction: Harald Hof
Print: Books on Demand GmbH, In de Tarpen 42, 22848 Norderstedt

σχολείο

学校

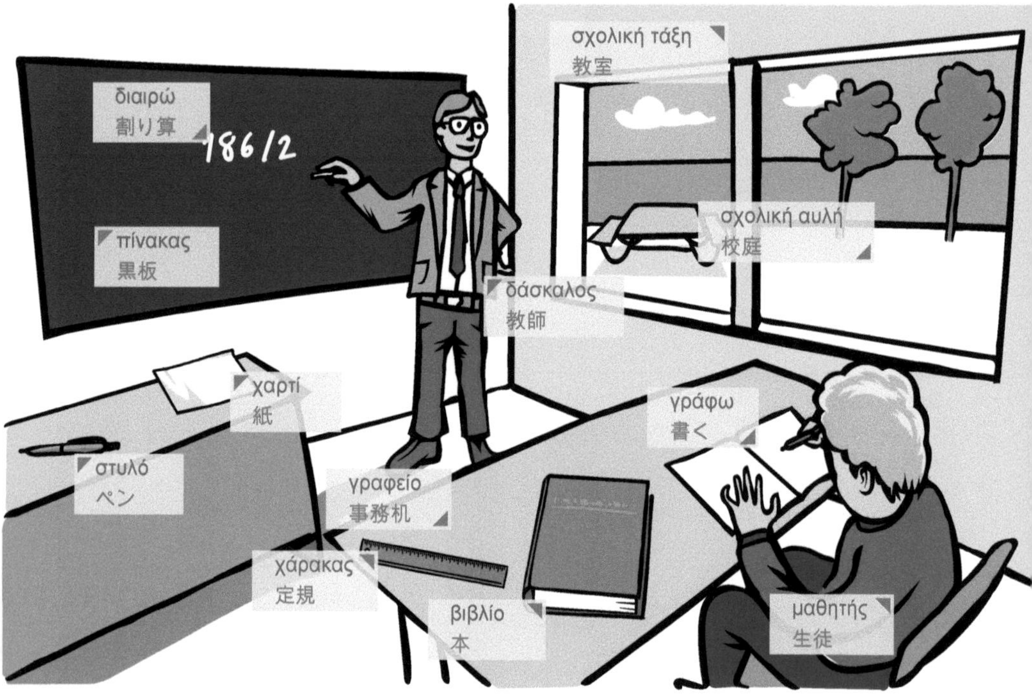

σχολική τάξη
教室
διαιρώ
割り算
186/2
πίνακας
黒板
σχολική αυλή
校庭
δάσκαλος
教師
χαρτί
紙
γράφω
書く
στυλό
ペン
γραφείο
事務机
χάρακας
定規
βιβλίο
本
μαθητής
生徒

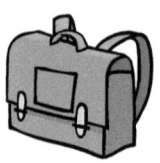

σχολική τσάντα

ランドセル

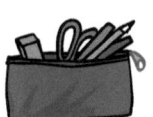

κασετίνα/ μολυβοθήκη

筆入れ

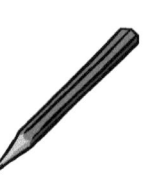

μολύβι

鉛筆

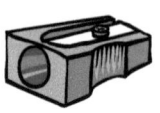

ξύστρα

鉛筆削り

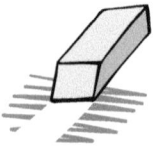

γόμα

消しゴム

μπλοκ ζωγραφικής

スケッチブック

ζωγραφική

スケッチ

πινέλο

絵筆

κουτί χρωμάτων

絵の具箱

ψαλίδι

はさみ

κόλλα

接着剤

τετράδιο ασκήσεων

練習帳

εργασία για το σπίτι

宿題

αριθμός

数

προσθέτω

足し算

αφαιρώ

引き算

πολλαπλασιάζω

かけ算

υπολογίζω

計算する

γράμμα

文字

αλφάβητο

アルファベット

λέξη

単語

κείμενο

テキスト

διαβάζω

読む

κιμωλία

チョーク

μάθημα

授業

εγγράφομαι

学級日誌

τεστ

試験

πιστοποιητικό

通知表

μαθητική στολή

制服

εκπαίδευση

教育

εγκυκλοπαίδεια

百科事典

πανεπιστήμιο

大学

μικροσκόπιο

顕微鏡

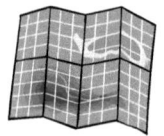

χάρτης

地図

καλάθι αχρήστων

ごみ箱

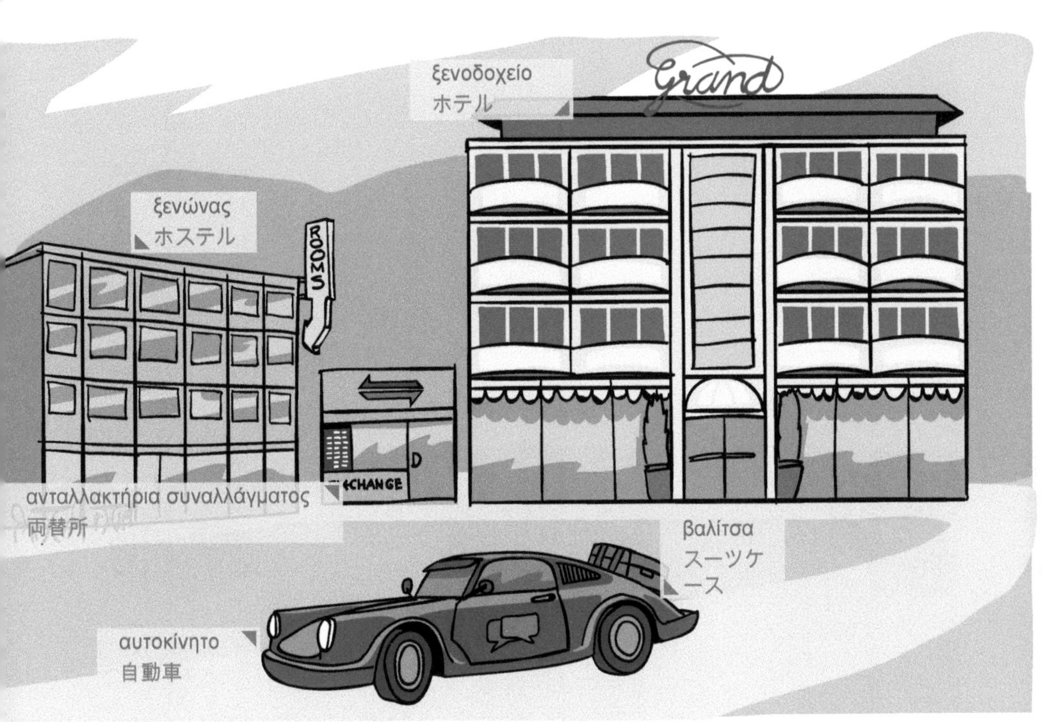

ξενοδοχείο
ホテル
Grand
ξενώνας
ホステル
ROOMS
CHANGE
ανταλλακτήρια συναλλάγματος
両替所
βαλίτσα
スーツケース
αυτοκίνητο
自動車

γλώσσα

言語

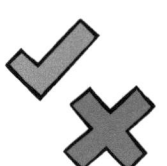

ναι / όχι

はい / いいえ

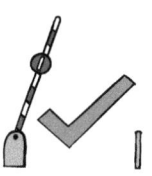

εντάξει

問題ない

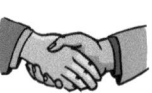

γεια σου

ハロー

μεταφραστής

翻訳者

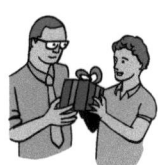

Ευχαριστώ

ありがとう

πόσο κάνει ;

...はいくらですか？

Δε καταλαβαίνω

わかりません

πρόβλημα

問題

Καλησπέρα!

こんばんは！

Καλημέρα!

おはようございます！

Καληνύχτα!

おやすみなさい！

Αντίο

さようなら

κατεύθυνση

方向

αποσκευές

手荷物

τσάντα

バッグ

σακίδιο πλάτης

リュックサック

καλεσμένος

お客様

δωμάτιο

部屋

υπνόσακος

寝袋

σκηνή

テント

τουριστικές πληροφορίες

旅行者情報

παραλία

ビーチ

πιστωτική κάρτα

クレジットカード

πρωινό

朝食

μεσημεριανό

昼食

δείπνο

夕食

εισιτήριο

チケット

ανελκυστήρας

エレベーター

γραμματόσημο

スタンプ

σύνορα

境界

τελωνείο

税関

πρεσβεία

大使館

βίζα

ビザ

διαβατήριο

パスポート

ταξίδι - 旅行

μεταφορά
輸送

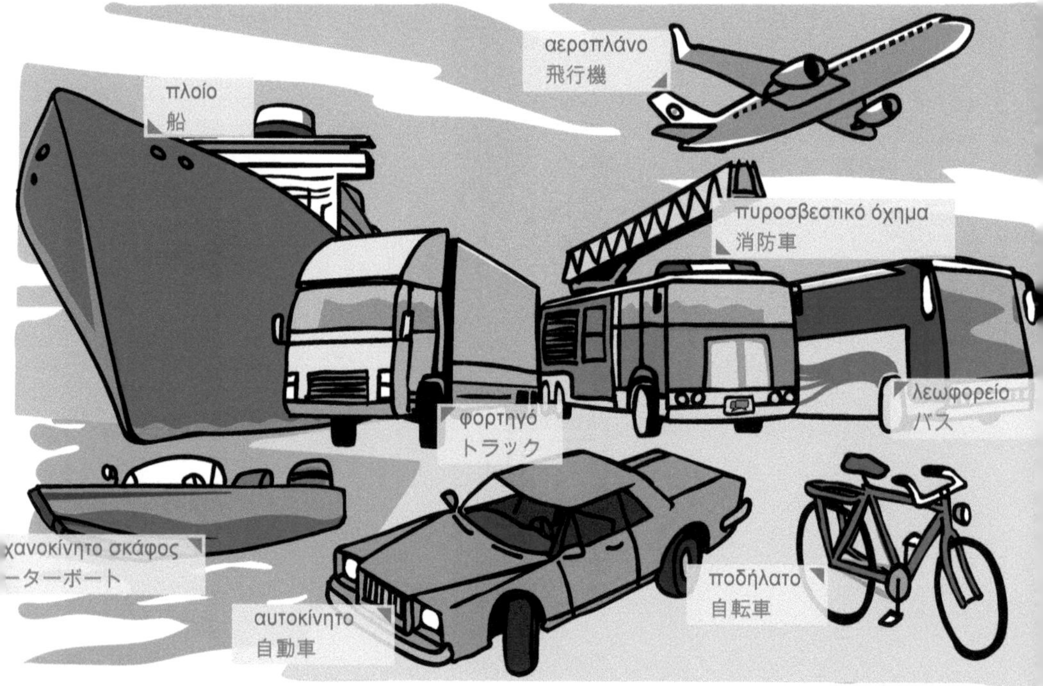
αεροπλάνο
飛行機
πλοίο
船
πυροσβεστικό όχημα
消防車
λεωφορείο
バス
φορτηγό
トラック
χανοκίνητο σκάφος
ーターボート
ποδήλατο
自転車
αυτοκίνητο
自動車

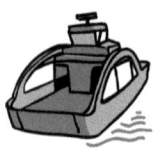

φεριμπότ

フェリー

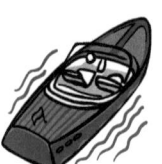

βάρκα

ボート

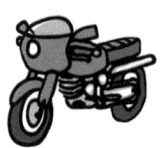

μοτοσικλέτα

バイク

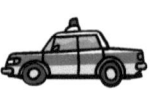

περιπολικό

パトカー

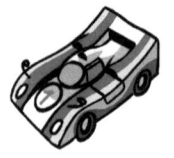

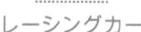

αγωνιστικό αυτοκίνητο

レーシングカー

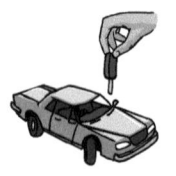

ενοικιαζόμενο αυτοκίνητο

レンタカー

διαμοιρασμός αυτοκινήτων

カーシェアリング

γερανός

レッカー車

απορριμματοφόρο

ごみ収集車

κινητήρας

モーター

καύσιμο

燃料

βενζινάδικο

ガソリンスタンド

πινακίδα σήμανσης

交通標識

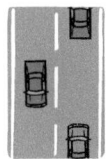

κυκλοφορία

交通

κυκλοφοριακή συμφόρηση

渋滞

χώρος στάθμευσης

駐車場

σιδηροδρομικός σταθμός

駅

σιδηροδρομικές γραμμές

道

τρένο

列車

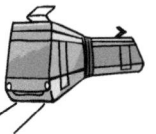

τραμ

路面電車

βαγόνι

車両

ελικόπτερο

ヘリコプター

αεροδρόμιο

空港

πύργος

タワー

επιβάτης

乗客

εμπορευματοκιβώτιο

コンテナ

χαρτοκιβώτιο

段ボール箱

καρότσι

カート

καλάθι

カゴ

απογειώνομαι /
προσγειόνομαι

離陸 / 着陸

πόλη
都市

χωριό

村

κέντρο της πόλης

都心

σπίτι

家

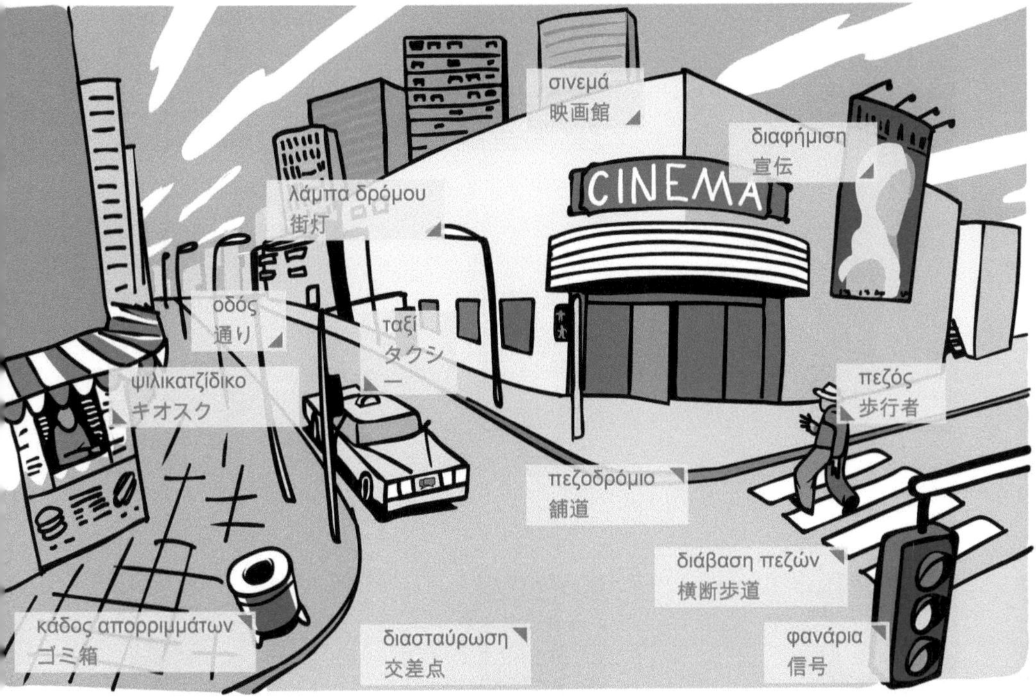

σινεμά
映画館
διαφήμιση
宣伝
CINEMA
λάμπα δρόμου
街灯
οδός
通り
ταξί
タクシー
ψιλικατζίδικο
キオスク
πεζός
歩行者
πεζοδρόμιο
舗道
διάβαση πεζών
横断歩道
κάδος απορριμμάτων
ゴミ箱
διασταύρωση
交差点
φανάρια
信号

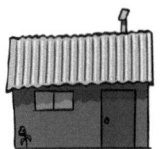

καλύβα

小屋

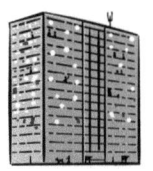

διαμέρισμα

アパート

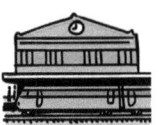

σιδηροδρομικός σταθμός

駅

δημαρχείο

市役所

MUSEUM

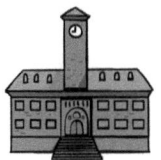

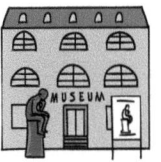

μουσείο

美術館

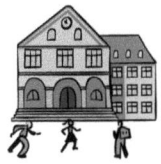

σχολείο

学校

πανεπιστήμιο

大学

τράπεζα

銀行

νοσοκομείο

病院

ξενοδοχείο

ホテル

φαρμακείο

薬局

γραφείο

オフィス

βιβλιοπωλείο

書店

κατάστημα

ショップ

ανθοπωλείο

花屋

σούπερ μάρκετ

スーパーマーケット

αγορά

市場

πολυκατάστημα

デパート

ιχθυοπωλείο

魚屋

εμπορικό κέντρο

ショッピングセンター

λιμάνι

港

πάρκο

公園

παγκάκι

ベンチ

γέφυρα

橋

σκάλες

階段

μετρό

地下鉄

τούνελ

トンネル

στάση λεωφορείου

バス停

μπαρ

バー

εστιατόριο

レストラン

γραμματοκιβώτιο

ポスト

πινακίδα δρόμου

道路標識

παρκόμετρο

パーキングメーター

ζωολογικός κήπος

動物園

πισίνα

スイミングプール

τζαμί

モスク

αγρόκτημα

農場

ρύπανση

汚染

νεκροταφείο

墓地

εκκλησία

教会

παιδική χαρά

遊び場

ναός

寺

τοπίο

風景

φύλλο
葉

πινακίδα κατεύθυνσης
道標

δρόμος
道

λιβάδι
草地

πέτρα
石

δέντρο
木

πεζοπόρος
ハイカー

ποτάμι
川

χορτάρι
草

λουλούδι
花

κοιλάδα

谷

λόφος

山

λίμνη

湖

δάσος

森

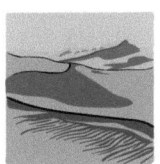

έρημος

砂漠

ηφαίστειο

火山

κάστρο

城

ουράνιο τόξο

虹

μανιτάρι

キノコ

φοίνικας

ヤシの木

κουνούπι

蚊

μύγα

ハエ

μυρμήγκι

蟻

μέλισσα

ミツバチ

αράχνη

クモ

σκαθάρι

カブトムシ

βάτραχος

蛙

σκίουρος

リス

σκαντζόχοιρος

ハリネズミ

λαγός

ウサギ

κουκουβάγια

フクロウ

πουλί

鳥

κύκνος

白鳥

αγριογούρουνο

雄豚

ελάφι

鹿

άλκη

ヘラジカ

φράγμα

ダム

ανεμογεννήτρια

風力タービン

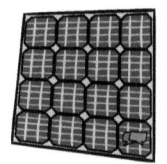

ηλιακός συλλέκτης

ソーラーパネル

κλίμα

気候

εστιατόριο
レストラン

σερβιτόρος
ウェイター
κατάλογος
メニュー
καρέκλα
椅子
σούπα
スープ
πίτσα
ピザ
τραπεζομάντιλο
テーブルクロス
μαχαιροπίρουνα
刃物類

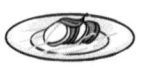

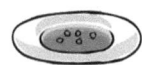

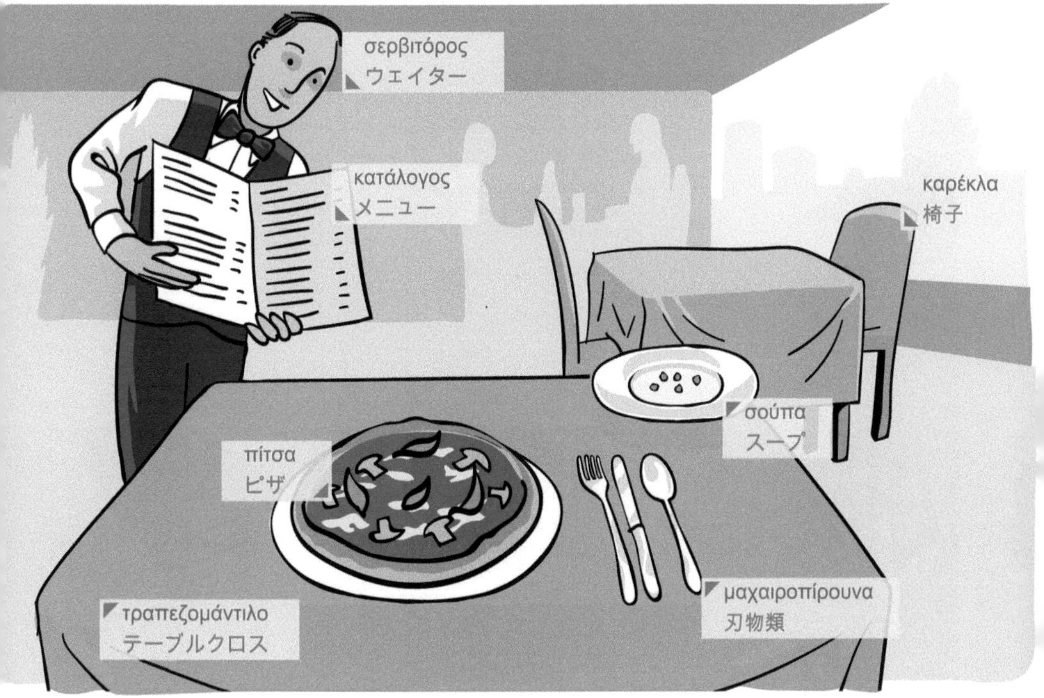

ορεκτικό

前菜

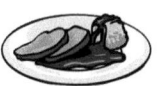

κύριο πιάτο

メインコース

επιδόρπιο

デザート

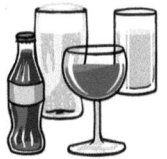

ποτά

飲み物

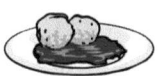

φαγητό

食べ物

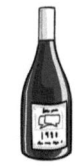

μπουκάλι

ボトル

φαστ φουντ

ファストフード

φαγητό στ' όρθιο

屋台の食べ物

τσαγιέρα

ティーポット

δοχείο ζάχαρης

砂糖入れ

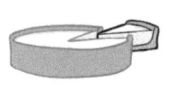

μερίδα

一人前

μηχανή εσπρέσο

エスプレッソマシン

ψηλή καρέκλα

幼児用食事椅子

λογαριασμός

請求書

δίσκος

トレー

μαχαίρι

ナイフ

πιρούνι

フォーク

κουτάλι

スプーン

κουταλάκι του τσαγιού

ティースプーン

πετσέτα φαγητού

ナプキン

ποτήρι

グラス

πιάτο

皿

πιάτο σούπας

スープ皿

πιατάκι φλιτζανιού

受け皿

σάλτσα

ソース

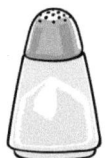

αλατιέρα

塩入れ

μύλος για πιπέρι

ペッパーミル

ξύδι

酢

λάδι

油

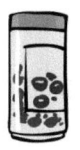

μπαχαρικά

スパイス

κέτσαπ

ケチャップ

μουστάρδα

マスタード

μαγιονέζα

マヨネーズ

σούπερ μάρκετ

スーパーマーケット

προσφορά
特価品
FOR
πελάτης
顧客
γαλακτοκομικά προϊόντα
乳製品
φρούτα
果物
καρότσι για ψώνια
ショッピング・カート

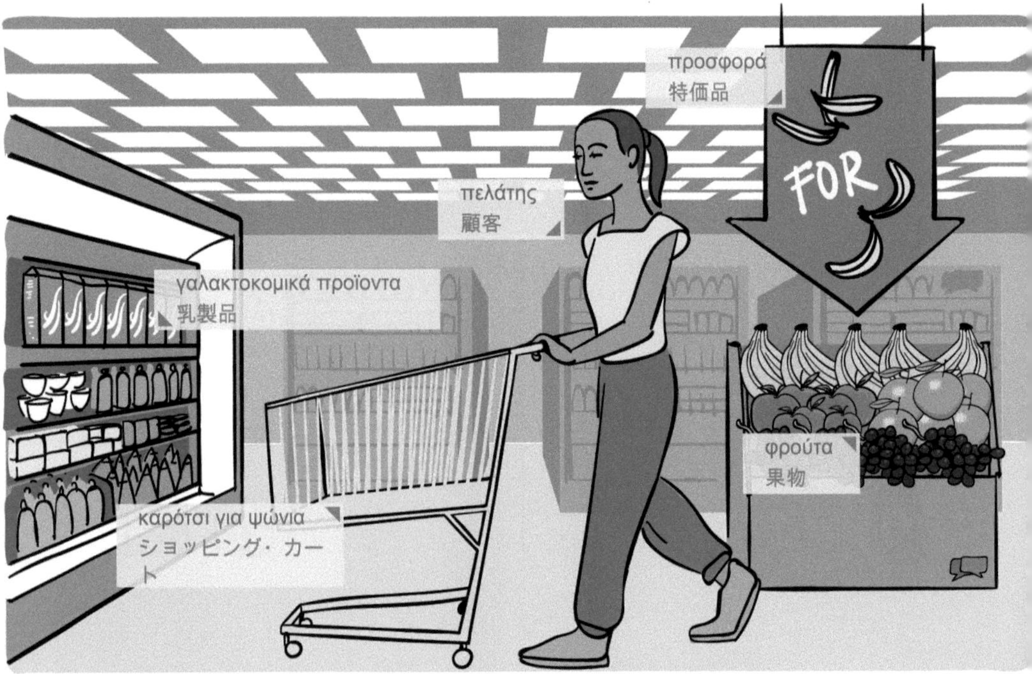

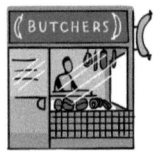

BUTCHERS

κρεοπωλείο

肉屋

BAKERY

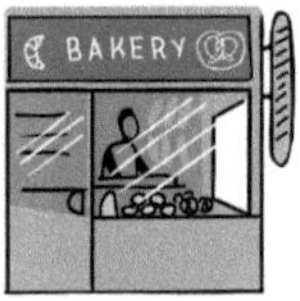

φούρνος

パン屋

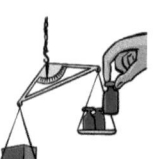

ζυγίζω

重さをはかる

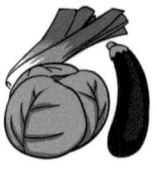

λαχανικά

野菜

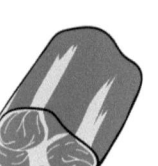

κρέας

肉

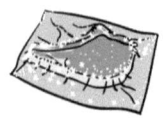

κατεψυγμένα τρόφιμα

冷凍食品

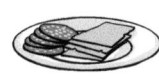

αλλαντικά

冷肉の薄切り

κονσερβοποιημένη τροφή

缶詰食品

απορρυπαντικό ρούχων

洗剤

γλυκά

菓子

οικιακά είδη

家庭用品

καθαριστικά προϊόντα

清掃用品

πωλήτρια

販売員

ταμείο

現金箱

ταμίας

レジ係

λίστα για ψώνια

買い物リスト

ωράριο λειτουργίας

開館時刻

πορτοφόλι

財布

πιστωτική κάρτα

クレジットカード

τσάντα

バッグ

πλαστική σακούλα

ポリ袋

νερό

水

χυμός

ジュース

γάλα

牛乳

κόκα κόλα

コーラ

κρασί

ワイン

μπίρα

ビール

αλκοόλ

アルコール

κακάο

ココア

τσάι

紅茶

καφές

コーヒー

εσπρέσο

エスプレッソ

καπουτσίνο

カプチーノ

μπανάνα

バナナ

μήλο

リンゴ

πορτοκάλι

オレンジ

πεπόνι

メロン

λεμόνι

レモン

καρότο

ニンジン

σκόρδο

ニンニク

μπαμπού

竹

κρεμμύδι

玉ねぎ

μανιτάρι

キノコ

ξηροί καρποί

ナッツ

νουντλς

ヌードル

μακαρόνια	ρύζι	σαλάτα
スパゲッティ	米	サラダ

πατατάκια	τηγανητές πατάτες	πίτσα
フライドポテト	フライドポテト	ピザ

χάμπουργκερ	σάντουιτς	κοτολέτα
ハンバーガー	サンドウィッチ	カツレツ

ζαμπόν	σαλάμι	λουκάνικο
ハム	サラミ	ソーセージ

κοτόπουλο	ψητό	ψάρι
鶏肉	焼き	魚

φαγητό - 食べ物

χυλός βρώμης

麦のお粥

μούσλι

ムーズリ

κορν φλέικς

コーンフレーク

αλεύρι

小麦粉

κρουασάν

クロワッサン

ψωμάκι

ロールパン

ψωμί

パン

τοστ

トースト

μπισκότα

ビスケット

βούτυρο

バター

τυρόπηγμα

カッテージチーズ

κέικ

ケーキ

αυγό

卵

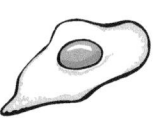

τηγανητό αυγό

目玉焼き

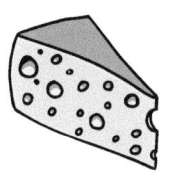

τυρί

チーズ

παγωτό

アイスクリーム

ζάχαρη

砂糖

μέλι

はちみつ

μαρμελάδα

ジャム

άλλειμμα σοκολάτας

ヌガークリーム

κάρυ

カレー

αγρόκτημα

農場

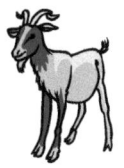

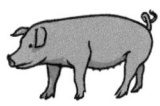

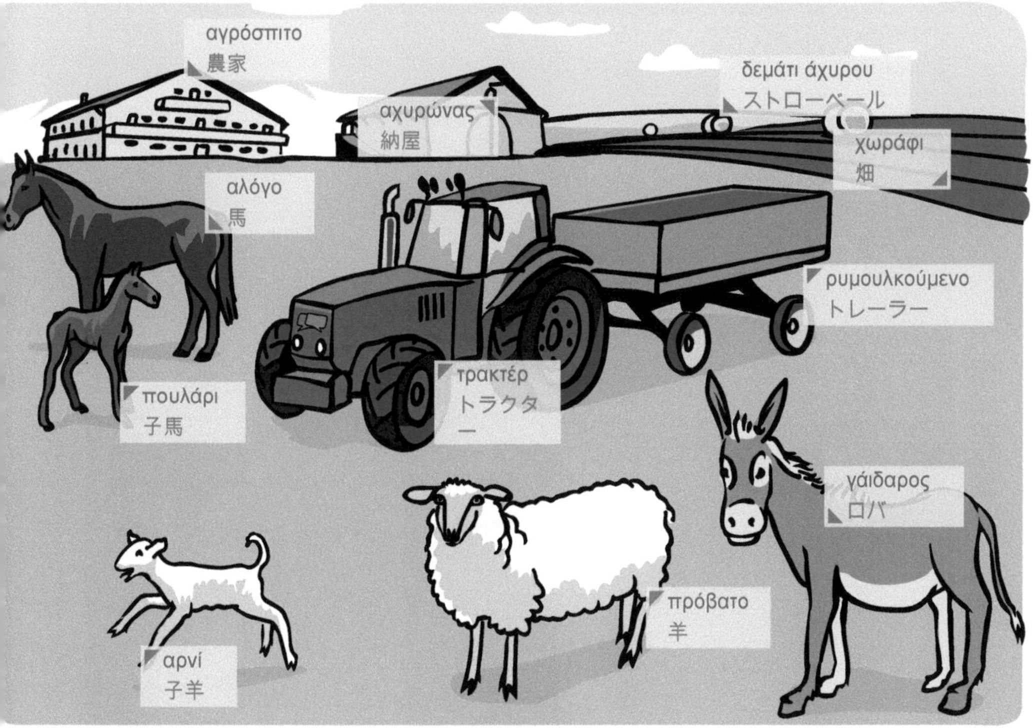
αγρόσπιτο
農家
δεμάτι άχυρου
ストローベール
αχυρώνας
納屋
χωράφι
畑
αλόγο
馬
ρυμουλκούμενο
トレーラー
πουλάρι
子馬
τρακτέρ
トラクター
γάιδαρος
ロバ
πρόβατο
羊
αρνί
子羊

κατσίκα

ヤギ

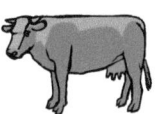

αγελάδα

雌牛

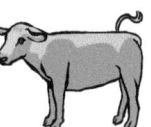

μοσχαράκι

子牛

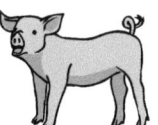

γουρούνι

豚

γουρουνάκι

子豚

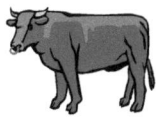

ταύρος

雄牛

χήνα

ガチョウ

πάπια

アヒル

κοτοπουλάκι

ひよこ

κότα

にわとり

κόκορας

おんどり

αρουραίος

ネズミ

γάτα

猫

ποντίκι

ねずみ

βόδι

雄牛

σκύλος

犬

σπιτάκι σκύλου

犬小屋

λάστιχο κήπου

散水ホース

ποτιστήρι

じょうろ

θεριστήρι

大鎌

αλέτρι

すき

αγρόκτημα - 農場

δρεπάνι

草刈り鎌

τσάπα

くわ

δίκρανο

堆肥用フォーク

τσεκούρι

斧

χειράμαξα

手押し車

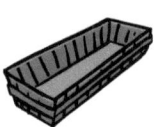

ταΐστρα

かいばおけ

δοχείο γάλακτος

牛乳缶

σάκος

袋

φράχτης

フェンス

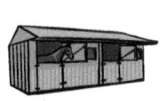

στάβλος

畜舎

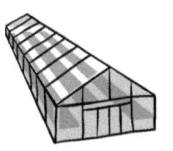

θερμοκήπιο

温室

έδαφος

土壌

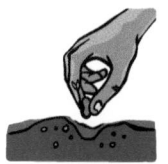

σπόρος

種

λίπασμα

肥料

θεριζοαλωνιστική μηχανή

コンバイン

θερίζω

収穫する

συγκομιδή

収穫

γιαμς

ヤマイモ

σιτάρι

小麦

σόγια

大豆

πατάτα

じゃがいも

καλαμπόκι

トウモロコシ

κράμβη

菜種

οπωροφόρο δέντρο

果樹

μανιόκα

キャッサバ

δημητριακά

穀物

σπίτι

家

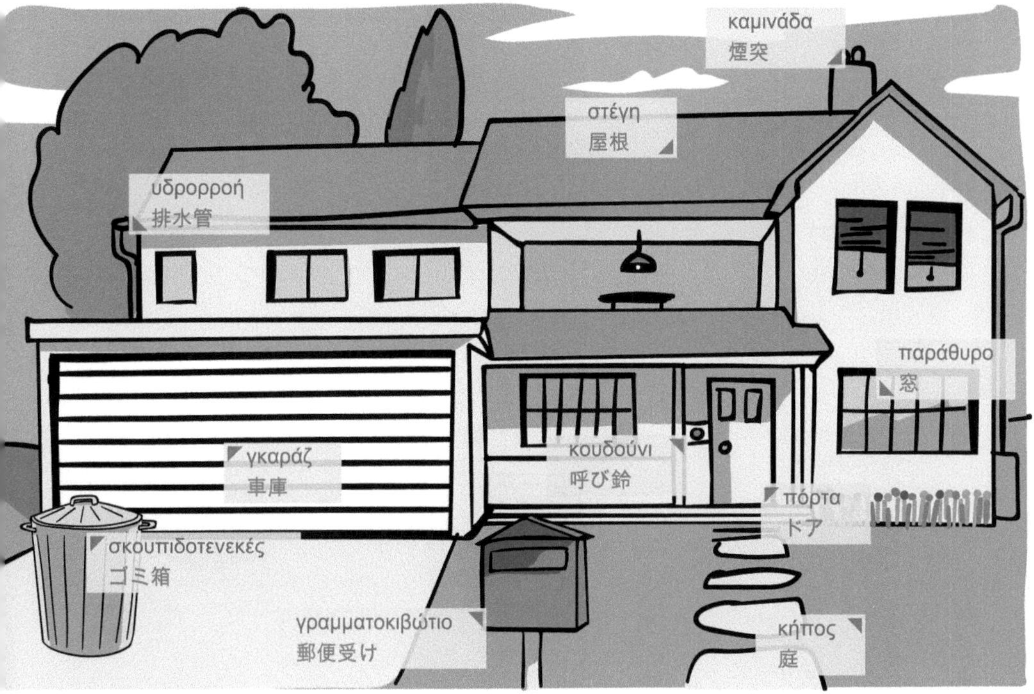

καμινάδα
煙突
στέγη
屋根
υδρορροή
排水管
παράθυρο
窓
γκαράζ
車庫
κουδούνι
呼び鈴
πόρτα
ドア
σκουπιδοτενεκές
ゴミ箱
γραμματοκιβώτιο
郵便受け
κήπος
庭

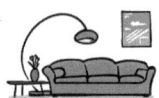

σαλόνι

リビングルーム

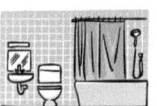

μπάνιο

浴室

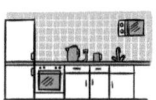

κουζίνα

台所

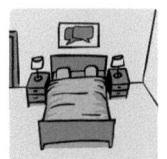

υπνοδωμάτιο

寝室

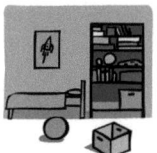

παιδικό δωμάτιο

子供部屋

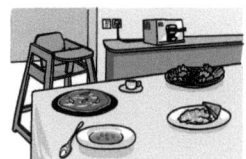

τραπεζαρία

ダイニング・ルーム

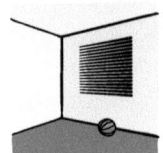

πάτωμα

床

τοίχος

壁

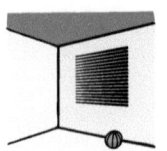

οροφή

天井

κελάρι

地下貯蔵庫

σάουνα

サウナ

μπαλκόνι

バルコニー

βεράντα

テラス

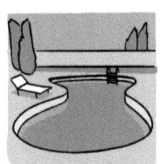

πισίνα

プール

μηχανή του γκαζόν

芝刈り機

σεντόνι

シーツ

κάλυμμα κρεβατιού

ベッドカバー

κρεβάτι

ベッド

σκούπα

ほうき

κουβάς

バケツ

διακόπτης

スイッチ

σαλόνι
リビングルーム

ταπετσαρία
壁紙
φωτογραφία
絵
λάμπα
ランプ
ράφι
棚
ντουλάπι
食器棚
τηλεόραση
テレビ
τζάκι
暖炉
λουλούδι
花
μαξιλάρι
クッション
καναπές
ソファ
βάζο
花瓶
τηλεκοντρόλ
リモコン

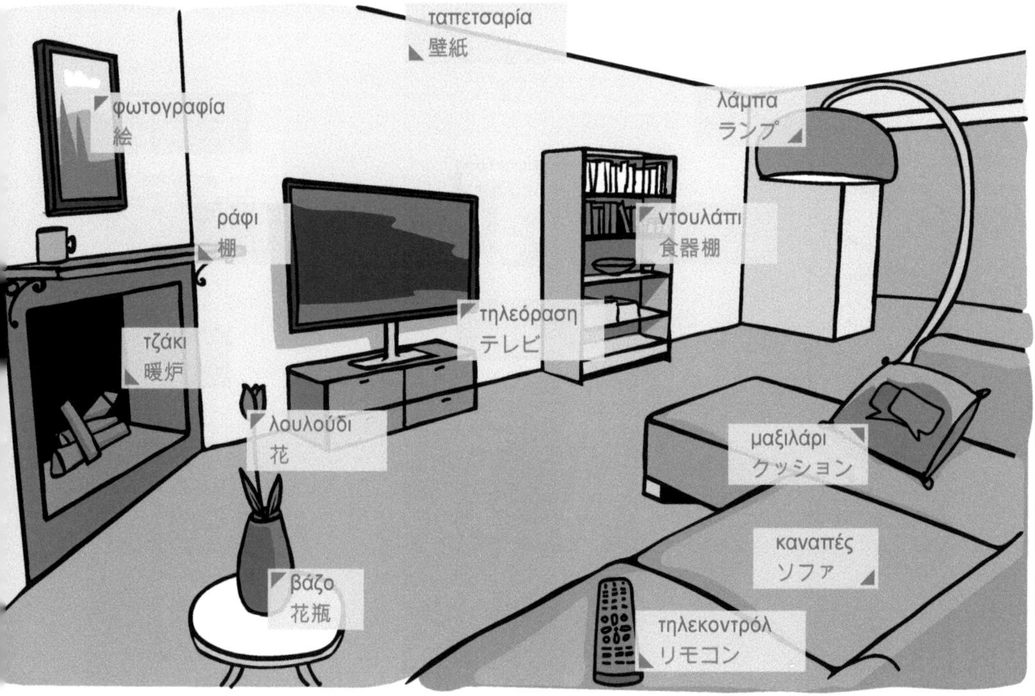

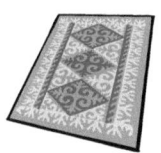

χαλί

カーペット

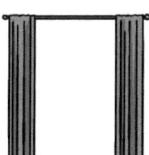

κουρτίνα

カーテン

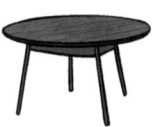

τραπέζι

テーブル

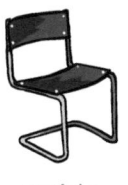

καρέκλα

椅子

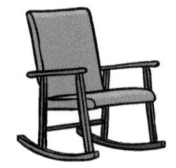

κουνιστή πολυθρόνα

ロッキングチェア

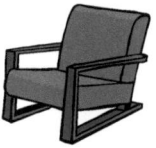

πολυθρόνα

ひじ掛け椅子

βιβλίο

本

κουβέρτα

毛布

διακόσμηση

飾り

καυσόξυλα

たきぎ

ταινία

映画

στερεοφωνικό σύστημα

ステレオ

κλειδί

鍵

εφημερίδα

新聞

πίνακας ζωγραφικής

絵画

αφίσα

ポスター

ραδιόφωνο

ラジオ

σημειωματάριο

メモ帳

ηλεκτρική σκούπα

掃除機

κάκτος

サボテン

κερί

ろうそく

κουζίνα
台所

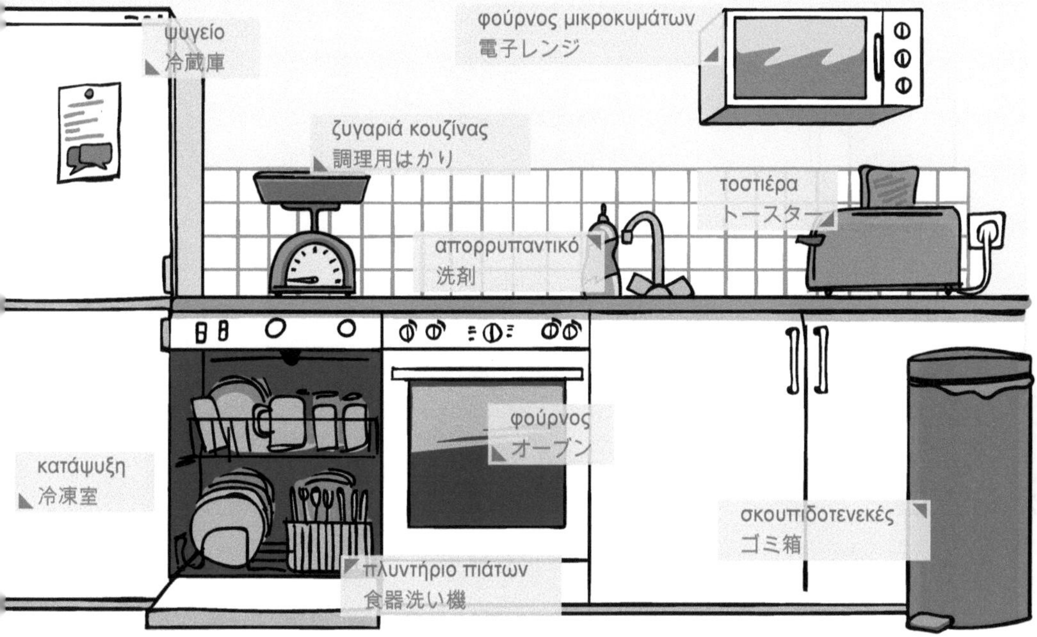

ψυγείο
冷蔵庫
φούρνος μικροκυμάτων
電子レンジ
ζυγαριά κουζίνας
調理用はかり
τοστιέρα
トースター
απορρυπαντικό
洗剤
φούρνος
オーブン
κατάψυξη
冷凍室
σκουπιδοτενεκές
ゴミ箱
πλυντήριο πιάτων
食器洗い機

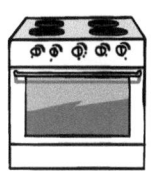

κουζίνα
こんろ

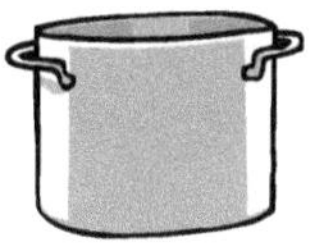
κατσαρόλα
鍋

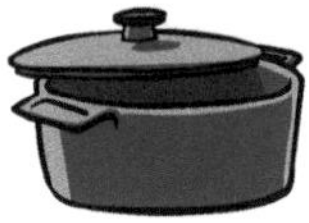
μαντεμένια κατσαρόλα
鉄鍋

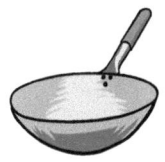

γουόκ/καντάι
中華鍋/ カダイ鍋

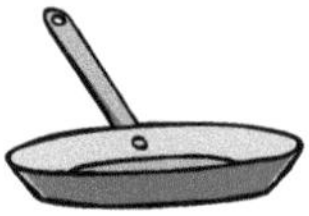
τηγάνι
フライパン

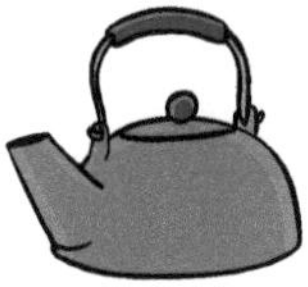
βραστήρας
やかん

ατμομάγειρας

蒸し器

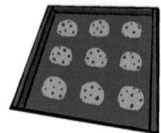

ταψί

天板

πιατικά

食器

κούπα

マグカップ

μπολ

ボウル

ξυλάκια

箸

κουτάλα

おたま

σπάτουλα

へら

ανακατεύω

泡立て器

σουρωτήρι

こし器

σουρωτηράκι

ふるい

τρίφτης

すりおろし器

γουδί

すり鉢

ψησταριά

バーベキュー

ανοιχτή φωτιά

かまど

σανίδα κοπής

まな板

πλάστης

麺棒

ανοιχτήρι φελλών

栓抜き

κονσέρβα

缶

ανοιχτήρι κονσέρβας

缶切り

γάντι φούρνου

鍋つかみ

νεροχύτης

流し

βούρτσα

ブラシ

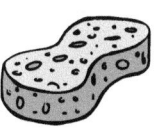

σφουγγάρι

スポンジ

μπλέντερ

ミキサー

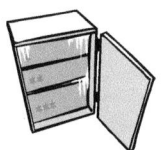

καταψύκτης

冷凍庫

μπιμπερό

哺乳瓶

βρύση

蛇口

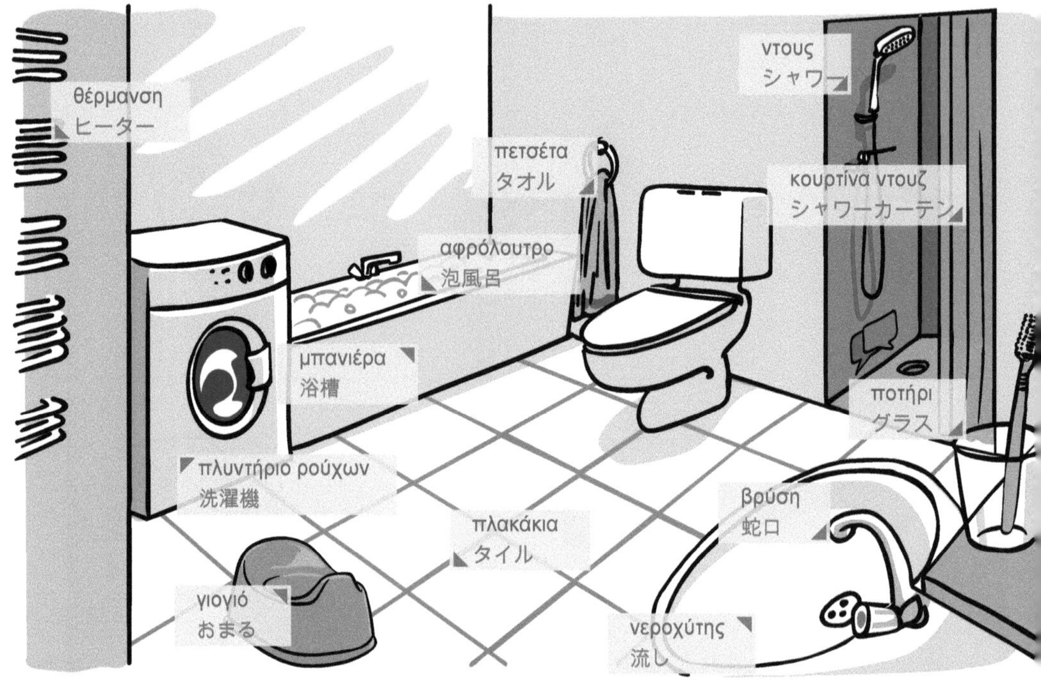

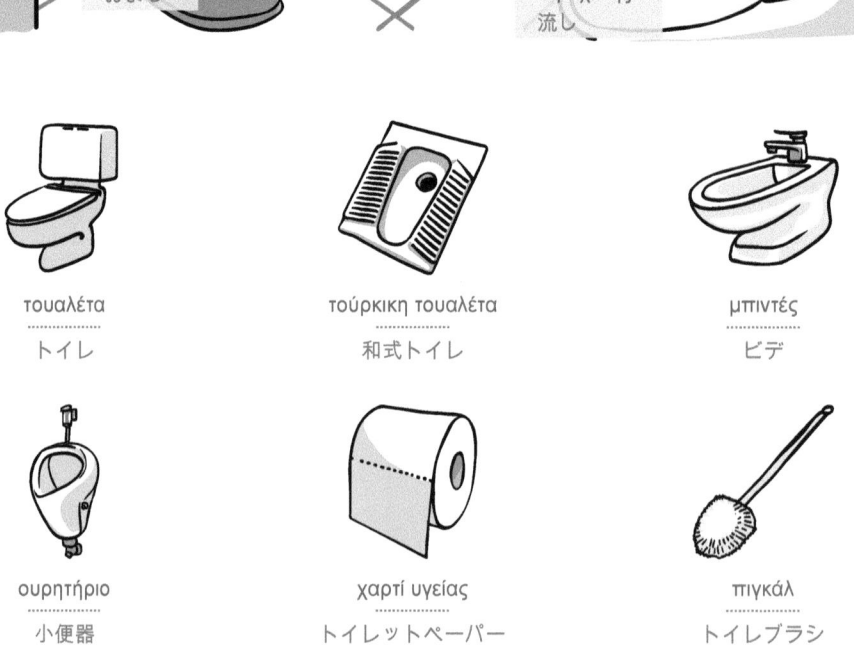

μπάνιο
浴室

θέρμανση
ヒーター
πετσέτα
タオル
ντους
シャワー
κουρτίνα ντουζ
シャワーカーテン
αφρόλουτρο
泡風呂
μπανιέρα
浴槽
ποτήρι
グラス
πλυντήριο ρούχων
洗濯機
βρύση
蛇口
πλακάκια
タイル
γιογιό
おまる
νεροχύτης
流し

τουαλέτα
トイレ

τούρκικη τουαλέτα
和式トイレ

μπιντές
ビデ

ουρητήριο
小便器

χαρτί υγείας
トイレットペーパー

πιγκάλ
トイレブラシ

οδοντόβουρτσα

歯ブラシ

οδοντόκρεμα

歯みがき

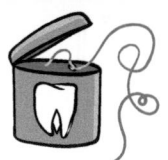

οδοντικό νήμα

デンタルフロス

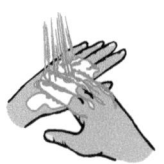

πλένω

洗う

τηλέφωνο ντους

シャワーヘッド

ντουσιέρα

ハンドビデ

λεκάνη

洗面台

βούρτσα πλάτης

ボディブラシ

σαπούνι

石鹸

αφρόλουτρο

シャワー用ジェル

σαμπουάν

シャンプー

φανέλα

浴用タオル

σιφόνι

排水口

κρέμα

クリーム

αποσμητικό

消臭

καθρέφτης

鏡

καθρέφτης χειρός

手鏡

ξυραφάκι

かみそり

αφρός ξυρίσματος

シェービング・フォーム

αφτερσέιβ

アフターシェーブローショ
ン

χτένα

櫛

βούρτσα

ブラシ

σεσουάρ

ドライヤー

λακ

ヘアスプレー

μακιγιάζ

化粧

κραγιόν

口紅

βερνίκι νυχιών

マニキュア

βαμβάκι

脱脂綿

ψαλίδι νυχιών

爪切り

άρωμα

香水

νεσεσέρ

洗面用具入れ

σκαμπό

スツール

ζυγαριά

体重計

μπουρνούζι

バスローブ

ελαστικά γάντια

ゴム手袋

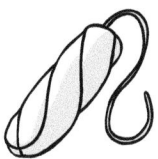

ταμπόν

タンポン

πετσέτα υγιεινής

生理用ナプキン

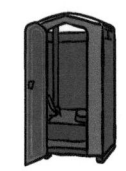

χημική τουαλέτα

ケミカルトイレ

μπάνιο - 浴室

παιδικό δωμάτιο
子供部屋

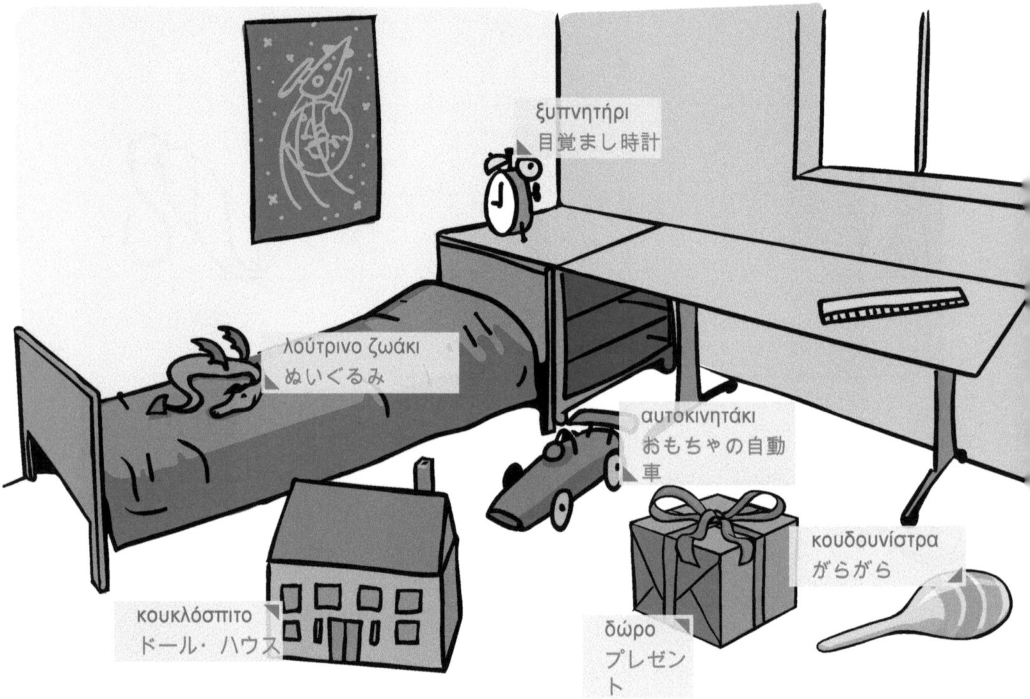

ξυπνητήρι
目覚まし時計
λούτρινο ζωάκι
ぬいぐるみ
αυτοκινητάκι
おもちゃの自動車
κουδουνίστρα
がらがら
κουκλόσπιτο
ドール・ハウス
δώρο
プレゼント

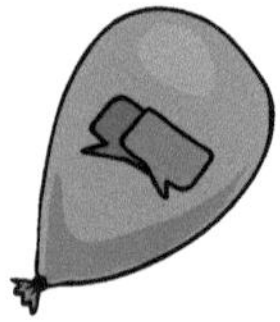

μπαλόνι

風船

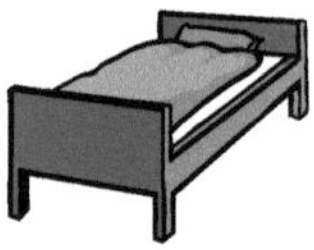

κρεβάτι

ベッド

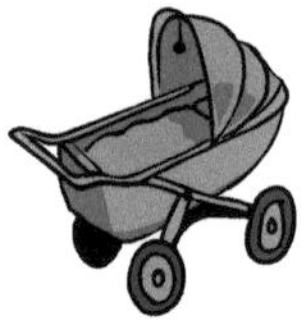

καροτσάκι

ベビーカー

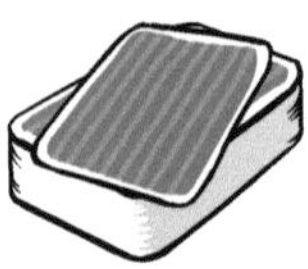

τράπουλα

カードゲーム

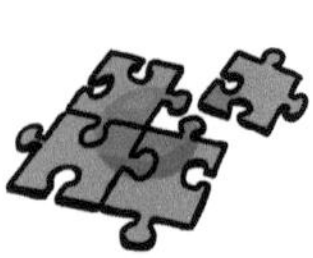

παζλ

ジグソーパズル

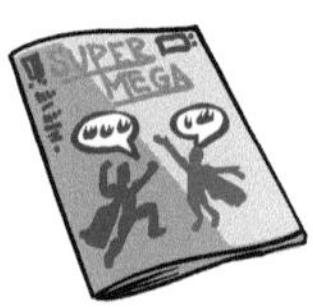

SUPER
MEGA

κόμικς

漫画

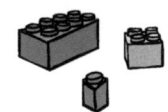

τουβλάκια lego

レゴ

τουβλάκια κατασκευών

玩具ブロック

φιγούρα δράσης

アクションフィギュア

βρεφικό φορμάκι

ロンパース

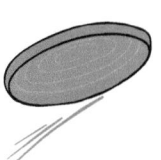

φρίσμπι

フリスビー

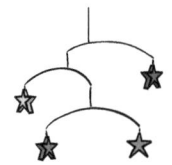

μόμπιλο

モバイル

επιτραπέζιο παιχνίδι

ボードゲーム

ζάρια

さいころ

σετ τρενάκι

鉄道模型

πιπίλα

おしゃぶり

πάρτι

パーティー

εικονογραφημένο βιβλίο

絵本

μπάλα

ボール

κούκλα

人形

παίζω

遊ぶ

σκάμμα με άμμο

砂場

κούνια

ブランコ

παιχνίδια

おもちゃ

κονσόλα βιντεοπαιχνιδιών

ゲーム機

τρίκυκλο

三輪車

αρκουδάκι

テディベア

ντουλάπα

衣装ダンス

ρούχα

衣服

κάλτσες

靴下

καλτσοδέτες

ストッキング

καλσόν

タイツ

κασκόλ
スカーフ

ομπρέλα
雨傘

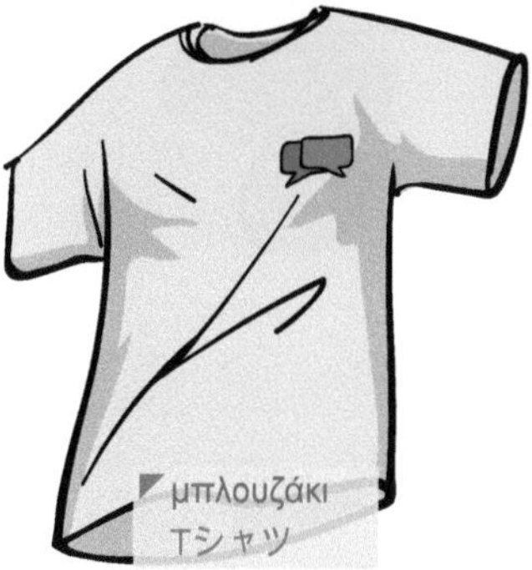

μπλουζάκι
Tシャツ

ζώνη
ベルト

μπότες
ブーツ

παντόφλες
スリッパ

αθλητικά παπούτσια
スニーカー

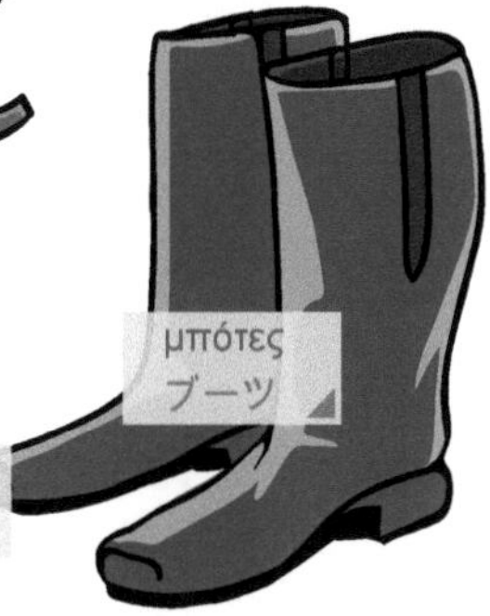

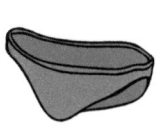

σανδάλια
サンダル

παπούτσια
靴

γαλότσες
ゴム長靴

εσώρουχο
パンツ

σουτιέν
ブラ

φανέλα
ベスト

σώμα

ボディースーツ

παντελόνι

ズボン

τζιν παντελόνι

ジーンズ

φούστα

スカート

μπλούζα

ブラウス

πουκάμισο

シャツ

πουλόβερ

セーター

πουλόβερ

パーカー

σακάκι

ブレザー

μπουφάν

ジャケット

παλτό

コート

αδιάβροχο πανωφόρι

レインコート

κοστούμι

服装

φόρεμα

ドレス

νυφικό

ウェディングドレス

κοστούμι

スーツ

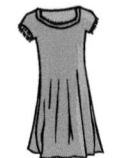

νυχτικό

ナイトガウン

πιτζάμες

パジャマ

σάρι

サリー

μαντήλι

ヘッドスカーフ

τουρμπάνι

ターバン

μπούρκα

ブルカ

καφτάνι

カフタン

μουσουλμανικό ένδυμα

アバヤ

ολόσωμο μαγιό

水着

ανδρικό μαγιό

トランクス

σορτς

半ズボン

αθλητική φόρμα

スウェットスーツ

ποδιά

エプロン

γάντια

手袋

κουμπί

ボタン

γυαλιά

メガネ

βραχιόλι

ブレスレット

περιδέραιο

ネックレス

δαχτυλίδι

指輪

σκουλαρίκι

イヤリング

καπέλο

帽子

κρεμάστρα

ハンガー

καπέλο

帽子

γραβάτα

ネクタイ

φερμουάρ

ファスナー

κράνος

ヘルメット

τιράντες

サスペンダー

μαθητική στολή

制服

στολή

ユニフォーム

σαλιάρα
よだれかけ

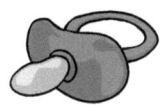

πιπίλα
おしゃぶり

πάνα
おむつ

γραφείο
オフィス

σέρβερ
サーバ

αρχειοθήκη
書類キャビネット
εκτυπωτής
プリンター

οθόνη
モニター

χαρτί
紙

γραφείο
事務机

ποντίκι
マウス

ντοσιέ
フォルダー

πληκτρολόγιο
キーボード

καρέκλα
椅子

καλάθι αχρήστων
ごみ箱

υπολογιστής
コンピューター

κούπα του καφέ
コーヒーマグ

κομπιουτεράκι
計算機

ίντερνετ
インターネット

λάπτοπ

ラップトップ

γράμμα

手紙

μήνυμα

メッセージ

κινητό

携帯電話

δίκτυο

ネットワーク

φωτοτυπικό μηχάνημα

コピー機

λογισμικό

ソフトウェア

τηλέφωνο

電話

πρίζα

コンセント

συσκευή φαξ

ファックス

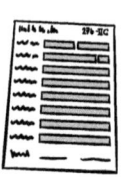

έντυπο

フォーム

έγγραφο

書類

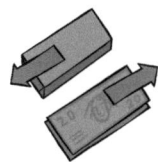

αγοράζω

買う

πληρώνω

支払う

συναλλάσσομαι

取引する

χρήματα

お金

δολάριο

ドル

ευρώ

ユーロ

γιεν

円

ρούβλι

ルーブル

ελβετικό φράγκο

スイスフラン

ρενμίνμπι γιουάν

人民元

ρουπία

ルピー

ATM (αυτόματη ταμειακή μηχανή)

キャッシュポイント

ανταλλακτήρια
συναλλάγματος

両替所

χρυσός

金

ασήμι

銀

πετρέλαιο

油

ενέργεια

エネルギー

τιμή

価格

συμβόλαιο

契約

φόρος

税金

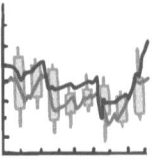

μετοχή

株

δουλεύω

働く

υπάλληλος

従業員

εργοδότης

雇用主

εργοστάσιο

工場

κατάστημα

ショップ

επαγγέλματα
職業

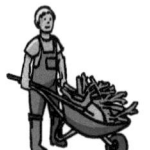

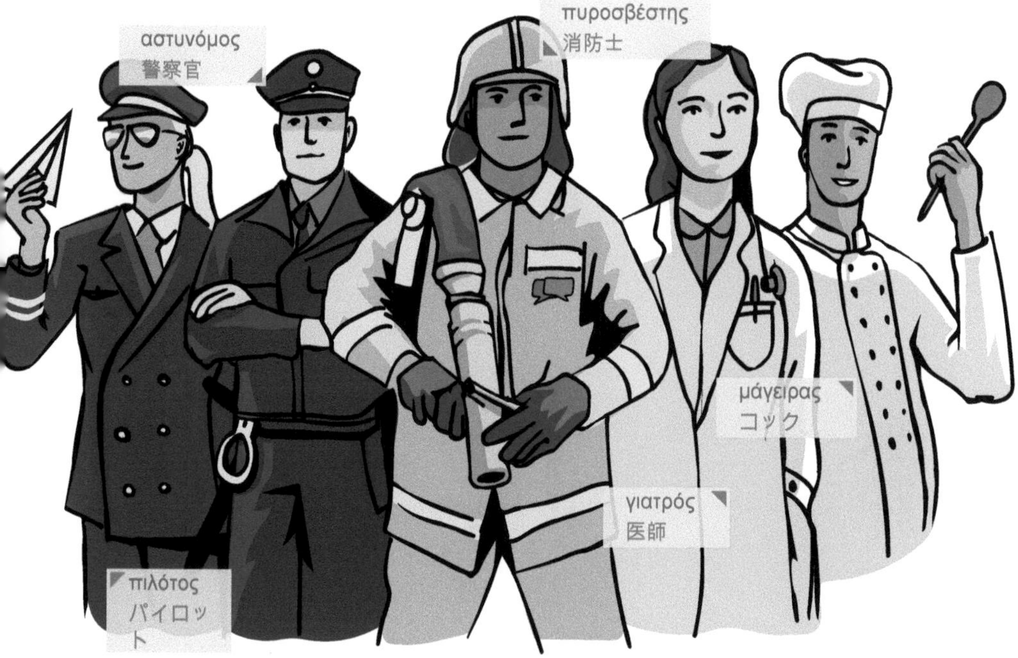

αστυνόμος
警察官
πυροσβέστης
消防士
μάγειρας
コック
γιατρός
医師
πιλότος
パイロット

κηπουρός

庭師

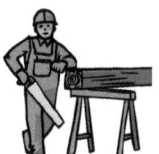

ξυλουργός

大工

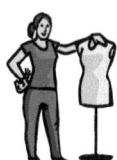

μοδίστρα

お針子

δικαστής

裁判官

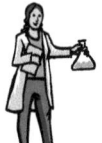

χημικός

化学者

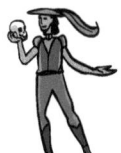

ηθοποιός

俳優

οδηγός λεωφορείου

バスの運転手

ταξιτζής

タクシー運転手

ψαράς

漁師

καθαρίστρια

掃除婦

τεχνίτης στεγών

屋根ふき職人

σερβιτόρος

ウェイター

κυνηγός

ハンター

ζωγράφος

塗装工

αρτοποιός

パン屋

ηλεκτρολόγος

電気工

οικοδόμος

建設作業員

μηχανολόγος

エンジニア

κρεοπώλης

肉屋

υδραυλικός

配管工

ταχυδρόμος

郵便配達人

στρατιώτης

軍人

αρχιτέκτονας

建築家

ταμίας

レジ係

ανθοπώλης

花屋

κομμωτής

美容師

ελεγκτής εισιτηρίων

車掌

μηχανικός

機械工

καπετάνιος

キャプテン

οδοντίατρος

歯科医

επιστήμονας

科学者

ραβίνος

ラビ

ιμάμης

イスラム導師

μοναχός

修道士

ιερέας

牧師

εργαλεία
道具

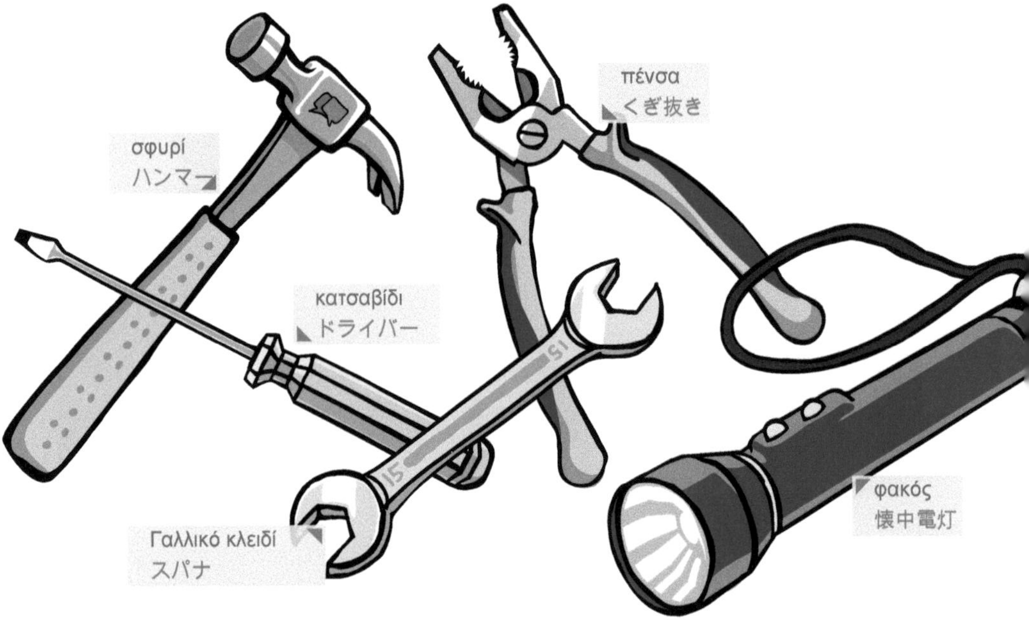
πένσα
くぎ抜き
σφυρί
ハンマー
κατσαβίδι
ドライバー
Γαλλικό κλειδί
スパナ
φακός
懐中電灯

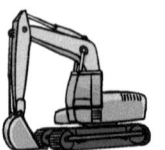

εκσκαφέας

掘削機

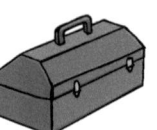

εργαλειοθήκη

道具箱

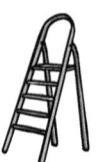

σκάλα

はしご

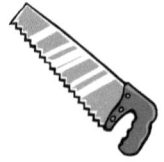

πριόνι

のこぎり

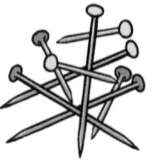

καρφιά

釘

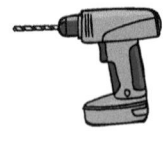

τρυπάνι

ドリル

επισκευάζω

修理する

φτυάρι

シャベル

Να πάρει!

クソ！

φαράσι

ちりとり

δοχείο χρωμάτων

ペンキ缶

βίδες

ネジ

μουσικά όργανα
楽器

ντραμς
打楽器

μεγάφωνο
スピーカー

κιθάρα
ギター

κοντραμπάσο
コントラバス

τρομπέτα
トランペット

πιάνο

ピアノ

βιολί

バイオリン

μπάσο

バス

τύμπανα

ティンパニ

τύμπανο

ドラム

πλήκτρα

キーボード

σαξόφωνο

サックス

φλάουτο

フルート

μικρόφωνο

マイクロフォン

μουσικά όργανα - 楽器

ζωολογικός κήπος

動物園

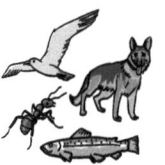

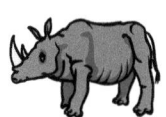

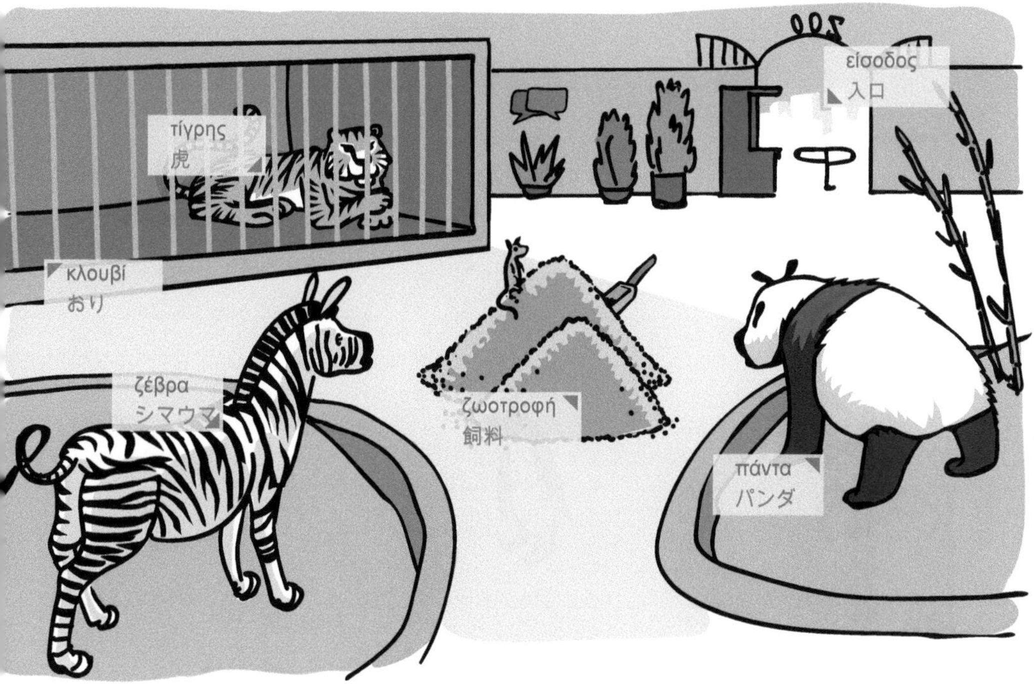
zoo
είσοδος
入口
τίγρης
虎
κλουβί
おり
ζέβρα
シマウマ
ζωοτροφή
飼料
πάντα
パンダ

ζώα

動物

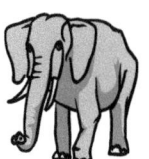

ελέφαντας

象

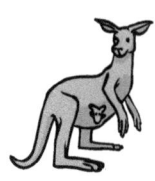

καγκουρό

カンガルー

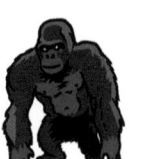

ρινόκερος

サイ

γορίλας

ゴリラ

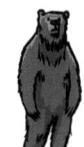

αρκούδα

熊

καμήλα

ラクダ

στρουθοκάμηλος

ダチョウ

λιοντάρι

ライオン

πίθηκος

猿

φλαμίνγκο

フラミンゴ

παπαγάλος

オウム

πολική αρκούδα

白クマ

πιγκουίνος

ペンギン

καρχαρίας

サメ

παγώνι

クジャク

φίδι

蛇

κροκόδειλος

ワニ

φύλακας ζωολογικού κήπου

飼育係

φώκια

アザラシ

τζάγκουαρ

ジャガー

ζωολογικός κήπος － 動物園

πόνυ

ポニー

λεοπάρδαλη

ヒョウ

ιπποπόταμος

カバ

καμηλοπάρδαλη

キリン

αετός

鷲

αγριογούρουνο

雄豚

ψάρι

魚

χελώνα

亀

θαλάσσιος ίππος

セイウチ

αλεπού

狐

γαζέλα

ガゼル

Αμερικάνικο ποδόσφαιρο
アメフト

ποδηλασία
サイクリング

αντισφαίριση
テニス

μπάσκετ
バスケット
ボール

κολύμβηση
水泳

πυγχαμία
ボクシング

χόκεϋ επί πάγου
アイスホッケー

ποδόσφαιρο
サッカー

μπάντμιντον
バドミントン

στίβος
陸上競技

χάντμπολ
ハンドボール

σκι
スキー

πόλο
ポロ

γελάω
笑う

πηδάω
跳ぶ

αγκαλιάζω
抱きしめる

περπατάω
歩く

τραγουδάω
歌う

ονειρεύομαι
夢見る

προσεύχομαι
祈る

φιλάω
キス

γράφω	σχεδιάζω	δείχνω
書く	描く	示す

πιέζω	δίνω	παίρνω
押す	与える	取る

έχω

持っている

κάνω

する

είμαι

ある

στέκομαι

立つ

τρέχω

走る

τραβάω

引く

ρίχνω

投げる

πέφτω

落ちる

ξαπλώνω

横たわっている

περιμένω

待つ

κουβαλώ

運ぶ

κάθομαι

座る

φοράω

着る

κοιμάμαι

眠る

ξυπνάω

目が覚める

κοιτάω

見る

κλαίω

泣く

χαϊδεύω

なでる

χτενίζω

櫛ですく

μιλάω

話す

καταλαβαίνω

理解する

ρωτάω

質問する

ακούω

聞く

πίνω

飲む

τρώω

食べる

συγυρίζω

片づける

αγαπάω

愛する

μαγειρεύω

料理する

οδηγώ

運転する

πετάω

飛ぶ

κάνω ιστιοπλοΐα

ヨットに乗る

υπολογίζω

計算する

διαβάζω

読む

μαθαίνω

学ぶ

δουλεύω

働く

παντρεύομαι

結婚する

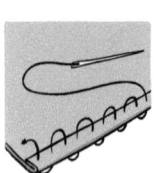

ράβω

縫う

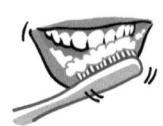

βουρτσίζω τα δόντια

歯を磨く

σκοτώνω

殺す

καπνίζω

喫煙する

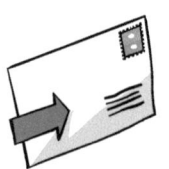

στέλνω

送る

οικογένεια
家族

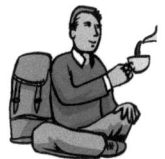

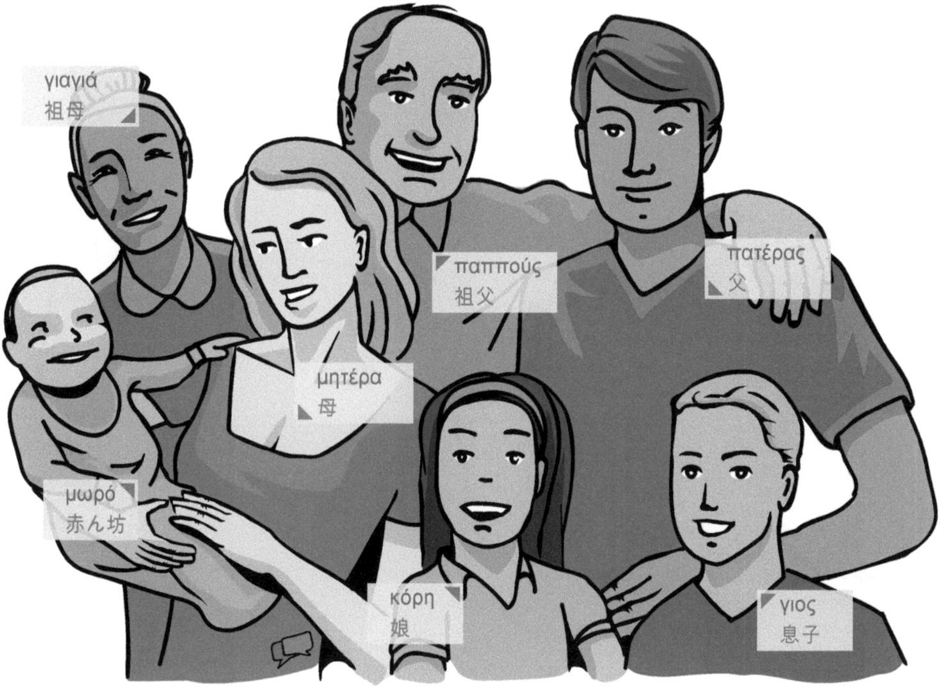
γιαγιά
祖母
παππούς
祖父
πατέρας
父
μητέρα
母
μωρό
赤ん坊
κόρη
娘
γιος
息子

καλεσμένος
お客様

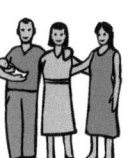

θεία
おば

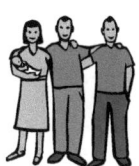

θείος
おじ

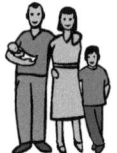

αδελφός
兄弟

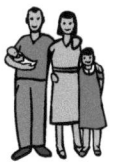

αδελφή
姉妹

σώμα

体

μέτωπο
ひたい
μάτι
目
ώμος
肩
δάχτυλο
指
πρόσωπο
顔
πιγούνι
あご
χέρι
手
πόδι
脚
στήθος
胸
βραχίονας
腕

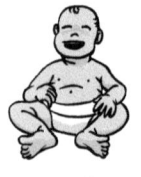

μωρό

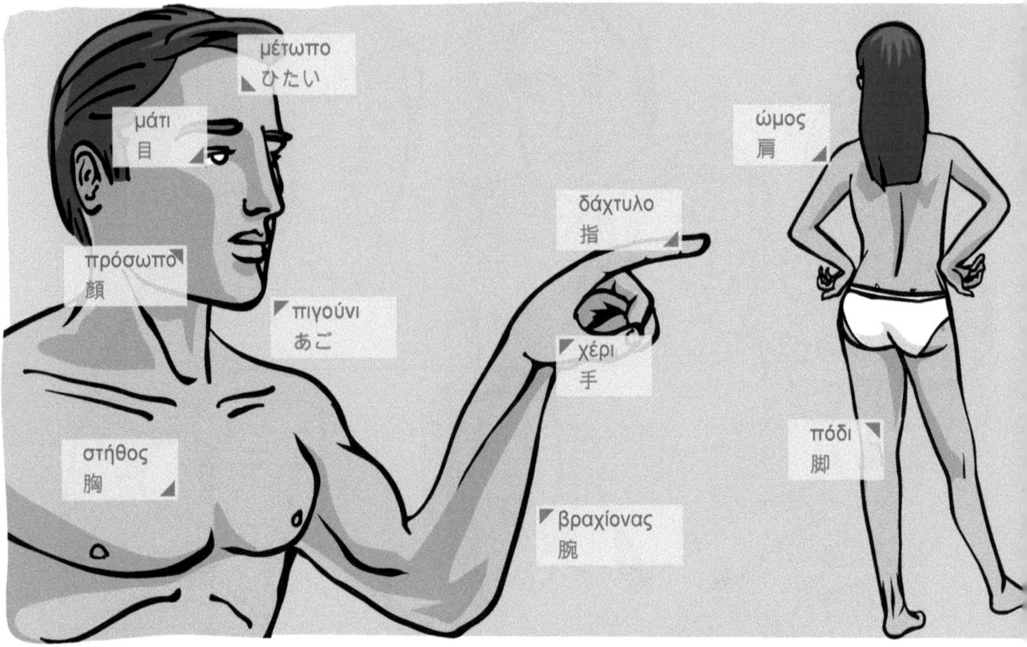

赤ん坊

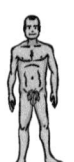

άνδρας

男性

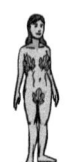

γυναίκα

女性

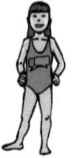

κορίτσι

少女

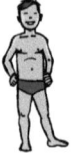

αγόρι

少年

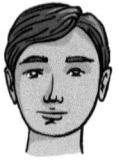

κεφάλι

頭

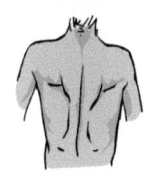

πλάτη

背中

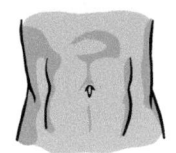

κοιλιά

腹

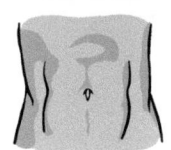

αφαλός

へそ

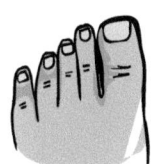

δάχτυλο ποδιού

足指

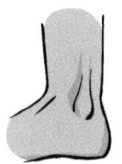

φτέρνα

かかと

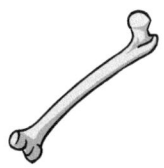

κόκκαλο

骨

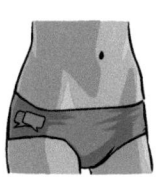

γοφός

腰

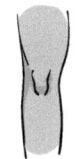

γόνατο

ひざ

αγκώνας

ひじ

μύτη

鼻

γλουτός

尻

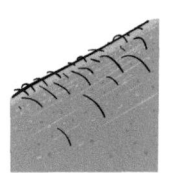

δέρμα

皮膚

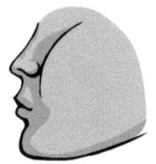

μάγουλο

頬

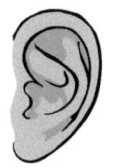

αυτί

耳

χείλος

唇

σώμα - 体

στόμα

口

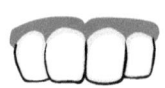

δόντι

歯

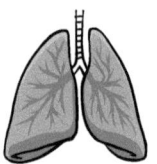

γλώσσα

舌

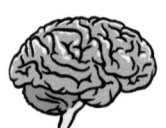

εγκέφαλος

脳

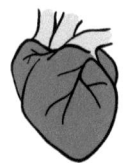

καρδιά

心臓

μυς

筋肉

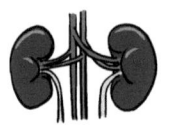

πνεύμονας

肺

συκώτι

肝臓

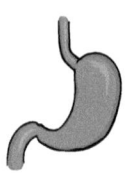

στομάχι

胃

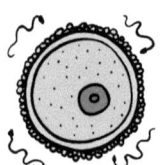

νεφρά

腎臓

σεξουαλική επαφή

セックス

προφυλακτικό

コンドーム

ωάριο

卵細胞

σπέρμα

精液

εγκυμοσύνη

妊娠

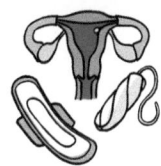

περίοδος

月経

γυναικείος κόλπος

膣

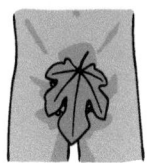

πέος

ペニス

φρύδι

眉

μαλλιά

髪

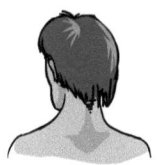

λαιμός

首

νοσοκομείο
病院

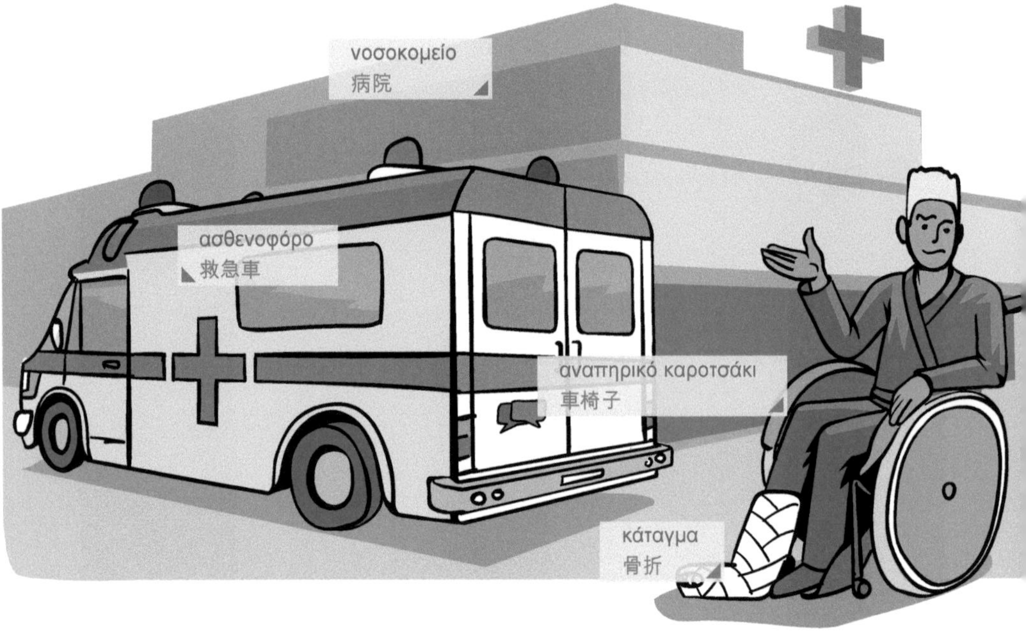

νοσοκομείο
病院
ασθενοφόρο
救急車
αναπηρικό καροτσάκι
車椅子
κάταγμα
骨折

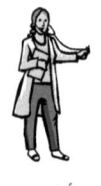

γιατρός

医師

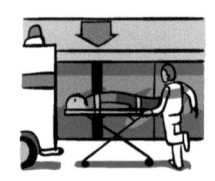

μονάδα εντατικής θεραπείας

救急治療室

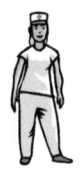

νοσοκόμα

看護師

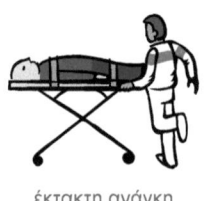

έκτακτη ανάγκη

救急

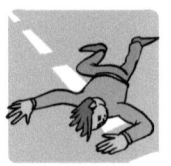

λιπόθυμος

失神

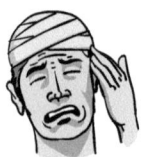

πόνος

痛み

τραύμα

けが

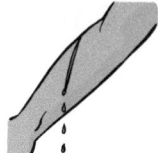

αιμορραγία

出血

έμφραγμα

心臓発作

εγκεφαλικό

脳卒中

αλλεργία

アレルギー

βήχας

咳

πυρετός

熱

γρίπη

インフルエンザ

διάρροια

下痢

πονοκέφαλος

頭痛

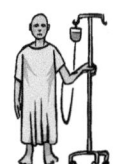

καρκίνος

癌

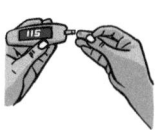

διαβήτης

糖尿病

χειρουργός

外科医

νυστέρι

外科用メス

εγχείρηση

手術

αξονική τομογραφία
CT

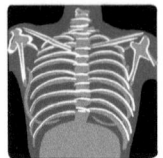

ακτινογραφία
レントゲン

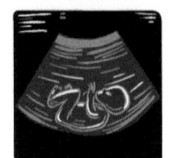

υπέρηχος
超音波

μάσκα
マスク

ασθένεια
病気

αίθουσα αναμονής
待合室

πατερίτσα
松葉づえ

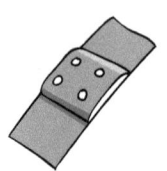

χάνσαπλαστ
ばんそうこう

επίδεσμος
包帯

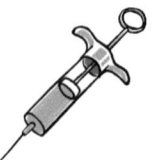

ένεση
注射

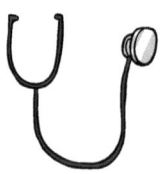

στηθοσκόπιο
聴診器

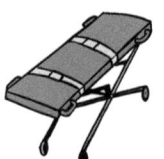

φορείο
担架

θερμόμετρο
体温計

γέννηση
出産

υπέρβαρο
肥満

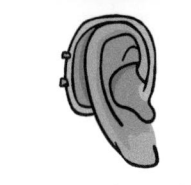

ακουστικό βαρηκοΐας

補聴器

αντισηπτικό

消毒剤

λοίμωξη

感染

ιός

ウイルス

HIV/AIDS

HIV / エイズ

φάρμακο

内服薬

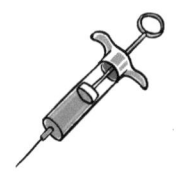

εμβολιασμός

予防接種

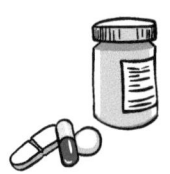

δισκία

錠剤

χάπι

ピル

κλήση έκτακτης ανάγκης

緊急電話

πιεσόμετρο αίματος

血圧計

άρρωστος / υγιής

病気の ／ 健康な

Βοήθεια!

助けて！

συναγερμός

アラーム

βιαιοπραγία

暴行

επίθεση

攻撃

κίνδυνος

危険

έξοδος κινδύνου

非常口

Φωτιά!

火事だ！

πυροσβεστήρας

消火器

ατύχημα

事故

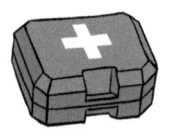

κουτί πρώτων βοηθειών

救急箱

SOS

SOS

αστυνομία

警察

Ευρώπη

ヨーロッパ

Βόρεια Αμερική

北米

Νότια Αμερική

南米

Αφρική

アフリカ

Ασία

アジア

Αυστραλία

オーストラリア

Ατλαντικός Ωκεανός

大西洋

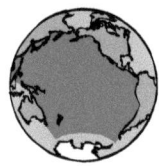

Ειρηνικός Ωκεανός

太平洋

Ινδικός Ωκεανός

インド洋

Ανταρκτικός Ωκεανός

南極海

Αρκτικός Ωκεανός

北極海

Βόρειος Πόλος

北極

Νότιος Πόλος

南極

Ανταρκτική

南極大陸

Γη

地球

γη

陸

θάλασσα

海

νησί

島

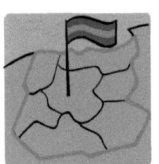

έθνος

国家

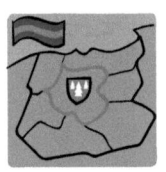

πολιτεία

国家

κaντράν ρολογιού

文字盤

ωροδείκτης

短針

λεπτοδείκτης

長針

δείκτης δευτερολέπτων

秒針

Τι ώρα είναι;

何時ですか？

ημέρα

日

χρόνος

時間

τώρα

現在

ψηφιακό ρολόι

デジタル時計

λεπτό

分

ώρα

時間

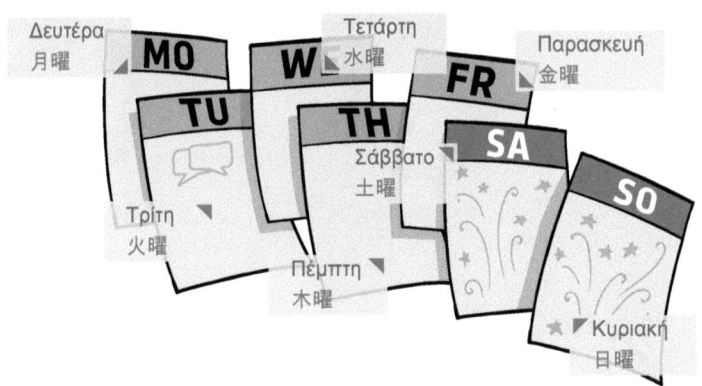

χθες

昨日

σήμερα

今日

αύριο

明日

πρωί

朝

μεσημέρι

昼

βράδυ

夜

MO	TU	WE	TH	FR	SA	SU
1	2	3	4	5	6	7
8	9	10	11	12	13	14
15	16	17	18	19	20	21
22	23	24	25	26	27	28
29	30	31	1	2	3	4

εργάσιμες ημέρες

営業日

MO	TU	WE	TH	FR	SA	SU
1	2	3	4	5	6	7
8	9	10	11	12	13	14
15	16	17	18	19	20	21
22	23	24	25	26	27	28
29	30	31	1	2	3	4

Σαββατοκύριακο

週末

έτος

年

βροχή
雨
ουράνιο τόξο
虹
άνεμος
風
χιόνι
雪
άνοιξη
春
καλοκαίρι
夏
φθινόπωρο
秋
χειμώνας
冬

4.APRIL 11°
5.APRIL 4°
6.APRIL 13°
7.APRIL 8°
8.APRIL 10°

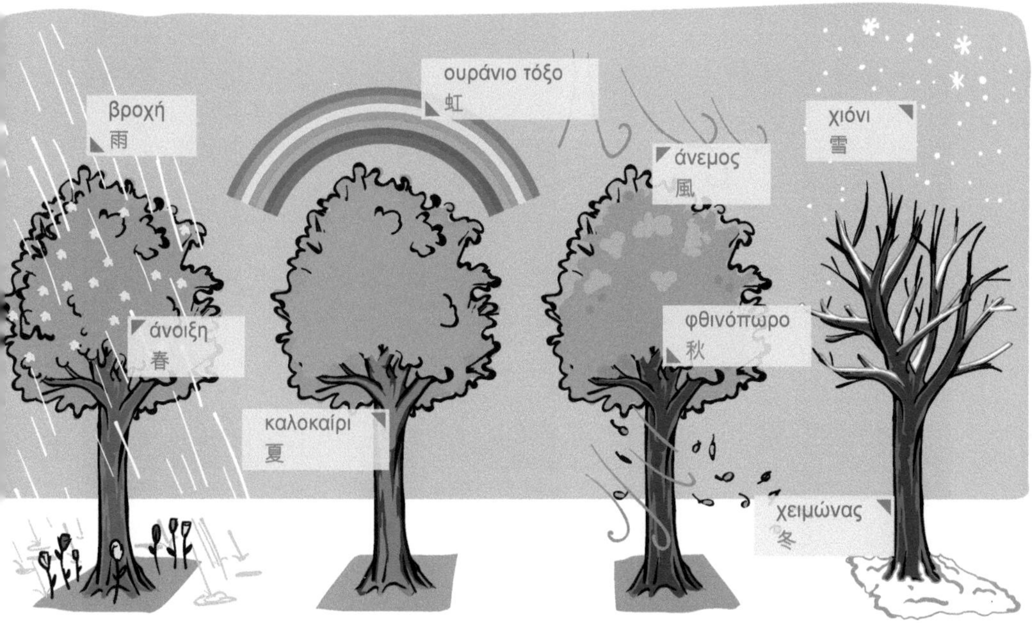

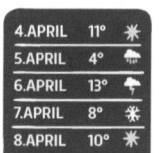

πρόγνωση καιρού

天気予報

F C
120 40
90 30
60 20
30 10
0 0
-30 -10
-20

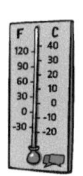

θερμόμετρο

温度計

λιακάδα

日差し

σύννεφο

雲

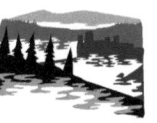

ομίχλη

霧

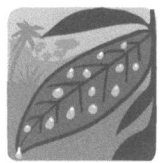

υγρασία

湿度

αστραπή

雷

κεραυνός

雷

καταιγίδα

嵐

χαλάζι

ひょう

μουσώνας

季節風

πλημμύρα

洪水

πάγος

氷

Ιανουάριος

1月

Φεβρουάριος

2月

Μάρτιος

3月

Απρίλιος

4月

Μάιος

5月

Ιούνιος

6月

Ιούλιος

7月

Αύγουστος

8月

έτος - 年

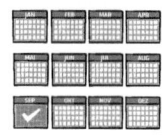

Σεπτέμβριος
....
9月

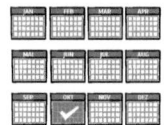

Οκτώβριος
....
10月

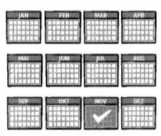

Νοέμβριος
....
11月

Δεκέμβριος
....
12月

σχήματα
形

κύκλος
....
円

τετράγωνο
....
正方形

ορθογώνιο
παραλληλόγραμμο
長方形

τρίγωνο
....
三角

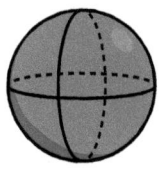

σφαίρα
....
球

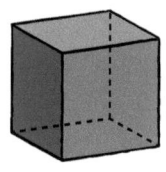

κύβος
....
立方体

άσπρο
白

κίτρινο
黄

πορτοκαλί
オレンジ

ροζ
ピンク

κόκκινο
赤

μωβ
紫

μπλε
青

πράσινο
緑

καφέ
茶

γκρι
灰色

μαύρο
黒

πολύ / λίγο

多い ／ 少ない

θυμωμένος / ήρεμος

怒っている /
落ち着いている

όμορφος / άσχημος

美しい ／ 醜い

αρχή / τέλος

初め ／ 終わり

μεγάλος / μικρός

大きい ／ 小さい

φωτεινός / σκοτεινός

明るい ／ 暗い

αδελφός / αδελφή

兄弟 ／ 姉妹

καθαρός / λερωμένος

清潔な / 汚い

πλήρης / ατελής

完全な ／ 不完全な

ημέρα / νύχτα

日中 ／ 夜

νεκρός / ζωντανός

死んだ ／ 生きている

φαρδύς / στενός

幅広い ／ 狭い

βρώσιμος / μη βρώσιμος

食べられる /
食べられない

κακός / ευγενικός

悪意のある / 親切な

ενθουσιασμένος /
βαριεστημένος

興奮している /
退屈している

παχύς / λεπτός

太った / 痩せた

πρώτος / τελευταίος

最初に / 最後に

φίλος / εχθρός

友人 / 敵

γεμάτος / άδειος

いっぱいの / 空の

σκληρός / μαλακός

硬い / 柔らかい

βαρύς / ελαφρύς

重い / 軽い

πείνα / δίψα

空腹 / 喉の渇き

άρρωστος / υγιής

病気の / 健康な

παράνομος / νόμιμος

違法な / 合法な

έξυπνος / χαζός

賢い / 愚かな

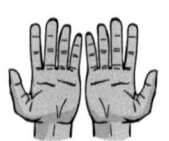

αριστερός / δεξιός

左に / 右に

κοντινός / μακρινός

近い / 遠い

καινούριος /
μεταχειρισμένος

新しい / 中古の

τίποτα / κάτι

何もない / 何かある

γέρος | νέος

老いた / 若い

αναμμένος / σβηστός

オン / オフ

ανοιχτός / κλειστός

開いている /
閉まっている

χαμηλόφωνος /
μεγαλόφωνος

静かな / うるさい

πλούσιος / φτωχός

裕福な / 貧乏な

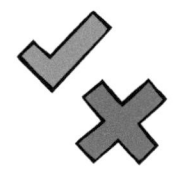

σωστός / λανθασμένος

正しい / 間違っている

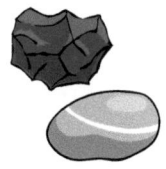

τραχύς / λείος

粗い / なめらか

λυπημένος / χαρούμενος

悲しい / 幸せな

κοντός / μακρύς

短い / 長い

αργός / γρήγορος

ゆっくり / 速い

υγρός / στεγνός

濡れた / 乾いた

ζεστός / δροσερός

温かい / 冷たい

πόλεμος / ειρήνη

戦争 / 平和

αριθμοί

数

0

μηδέν

ゼロ

1

ένα

1

2

δύο

2

3

τρία

3

4

τέσσερα

4

5

πέντε

5

6

έξι

6

7

εφτά

7

8

οκτώ

8

9

εννιά

9

10

δέκα

10

11

έντεκα

11

12

δώδεκα

12

13

δεκατρία

13

14

δεκατέσσερα

14

15

δεκαπέντε

15

16

δεκαέξι

16

17

δεκαεφτά

17

18

δεκαοκτώ

18

19

δεκαεννέα

19

20

είκοσι

20

100

εκατό

100

1.000

χίλια

1000

1.000.000

εκατομμύριο

100万

Αγγλικά

英語

Αμερικάνικα Αγγλικά

アメリカ英語

Μανδαρίνικα Κινέζικα

中国標準語

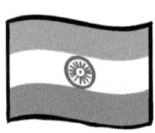

Χίντι

ヒンディー語

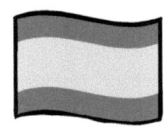

Ισπανικά

スペイン語

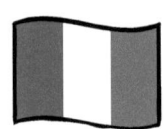

Γαλλικά

フランス語

Αραβικά

アラビア語

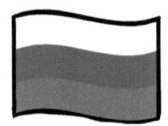

Ρώσικα

ロシア語

Πορτογαλικά

ポルトガル語

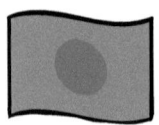

Μπενγκάλι

ベンガル語

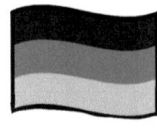

Γερμανικά

ドイツ語

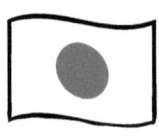

Ιαπωνικά

日本語

εγώ

私

εσύ

あなた

αυτός / αυτή / αυτό

彼 / 彼女 / それ

εμείς

私たち

εσείς

あなたたち

αυτοί / αυτές / αυτά

彼ら

ποιος / ποια / ποιο;

誰？

τι;

何？

πώς;

どうやって？

πού;

どこ？

πότε;

いつ？

όνομα

名前

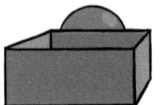

πίσω

後ろ

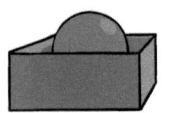

μέσα

中

μπροστά

前

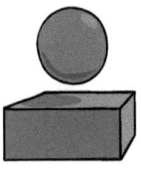

πάνω από

上

πάνω

上

κάτω

下

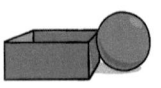

δίπλα

横

ανάμεσα

間

μέρος

場所